3

La Nouvelle Allegorique, ou Combat de la
 Rhetorique.
Les Poësies Diverses, 12 & 4
 Le Roman Bourgeois, 8
 Les Bouts-Rimez, 18

L'Accommodement de l'Esprit & du Cœur, 12
Les Lettres Choisies de *du Verdier*, 2 vol. 8
Les Lettres & Billets de *M. Personne*, 12
Le Royaume de la Coquetterie, 12
La Defense de Sertorius, 12
Terence justifié, ou Dissertation sur une Co-
 medie de Terence, par *l'Abbé d'Aubignac*, 4

 Versions de Monsieur de Marolles,
 Abbé de Villeloin.

Les Oeuvres de *Virgile*, avec des Remarques,
 & un Traitté du Poëme Epique, en Latin &
 en François, 3 vol. 8
Les Oeuvres d'*Horace*, 2 vol. 8
Les Epigrames de *Martial*, 2 vol. 8
Les Oeuvres de *Catulle*, de *Tibulle*, & *Properce*,
 3 vol. 8
Les six Livres de *Lucrece*, de la Nature des
 Choses, avec la Philosophie d'*Epicure*, & les
 Nottes de *Giffanius*, 8
Les Oeuvres de *Stace*, 3 vol. 8
Les Satyres de *Iuvenal* & de *Perse*, avec des
 Remarques Latines & Françoises, 12. 1671.

 A ij

Romans de Monsieur de la Calprenede.

La Cleopatre, 12 vol. 8
Pharamond, 9 vol. 8. Les volumes se vendent
separément.

De diferents Autheurs.

Tarsis & Zelie, 6 vol. 8
Mitridate, 4 vol. 8
Ibrahim, ou l'Illustre Bassa, de *Scudery*, 4 vol. 12
L'Ariane de *Desmarests*, 2 vol. 12
L'Epigone, ou l'Histoire du Siecle futur, 8
Le Rival encor apres la mort, 8
Le Toledan, 5 vol, 8
La Precieuse, 4 vol. 8
La Cleobuline, ou la Veufve Inconnuë, 8
Chrisolite, ou le Secret des Romans, 8
Rodogune, ou l'Histoire du grand Antiochus, 8

Les Entretiens Galants d'Aristipe & d'Axiane, 12
Dialogues, ou l'Explication des Fables, 12
Recueil de Divertissemens Comiques, 12
L'Amant Oysif, 3 vol. 12. 1671

Fortifications, & autres Livres Militaires.

Les Fortifications de *Fritach*, avec Tailles-
douces, fol.
Le Mareschal de Bataille, fol.
Le Gouvernement de la Cavalerie Legere de
Basta, avec Figures, fol.

L'Honneſte Femme du *P. du Boſc*, 12

L'Honneſte Garçon de *Grenaille*, 4

L'Honneſte Maiſtreſſe, 8

Les Fables d'*Eſope*, avec les Moralitez de *Baudoüin*, & des Figures à chaque Fable, 12. *Bruxelles*.

Remarques Morales & Politiques, 12

Diſcours ſur l'Académie Françoiſe de *Sorel*, 12

La Bibliotheque Françoiſe de *Sorel*, 12

Inſtruction pour tenir Livres de Raiſon par Parties doubles de *Boyer*, fol. *Lyon*.

Traitté de l'Admiration, & de ſes Parties, par *Valot*, 4

Le Monde dans la Lune de *la Montagne*, 8

La Sphere de la Lune, compoſé de la Teſte de la Femme, 8

La Chiromance, la Phiſionomie, & la Geomance de *Peruchio*, 4

Les Oeuvres de *Belot* Curé de Millemont, 8

Le Caractere de l'Homme ſans paſſion, 12

Philoſophies.

Curſus Philoſophus, Authore R P. I. Vincentio, 4 vol. 4. *Toloſ.*

Le Réez, *Philoſophia*, 4 vol. 8

Raconis, *Philoſophia*, 2 vol. 8

La Philoſophie de *Marandé*, 12

La Philoſophie de *du Moulin*, 12

La Philoſophie des Anciens, avec l'Ouvrage ſecret de la Philoſophie d'*Hermez*, 8

Les Douze Clefs de *Bazile Valentin*, 8

Numinis Mundi magni deditur inſitulum Chimica Vannus, 4

L'Ufage des Paſſions du *Pere Senault*, 12

Idem, 8. *Roüen.*

Traductions de M. de l'Academie Françoiſe.
De Monſieur du Ryer.

Les Oeuvres de Seneque, 2 vol. fol. grand
    papier.

    Idem, 2 vol. fol. petit papier.

    Idem, 8 vol. 12

    Idem, 14 vol. 12

Les Decades de *Tite-Live*, 14 vol. 12

Les Hiſtoires d'*Herodote*, 2. vol. 12

Les Metamorphoſes d'*Ovide*, avec des Figures
    à chaque Fable, grand papier, fol.

    Idem, avec des Figures à chaque Livre, 4

Les Oeuvres de *Ciceron*, 12 vol. 12. nouvelle
    Edition, 1670.

    Les Traittez ſe vendent ſeparément. ſçavoir.

Les Epiſtres Familieres, avec le Latin à coſté,
    2 vol. 8

    Les meſmes tout en François, 3 vol. 12

Les Offices, ou les Devoirs de la Vie Civile,
    Latin & François, 8

    Les meſmes tout en François, 12

De la Nature des Dieux, 12

Les Philipiques, 12

Les Tuſculanes, 12

Les Oraiſons, 6 vol.

    Contre Catilina, 12

Du meilleur Genre d'Orateurs, & l'Oraiſon
    pour Murena, 12

Les Paradoxes, 24

Ouvrages de Monsieur Boileau.

La Vie & Philosophie d'*Epictete*, avec le
  Tableau de *Cebés*, 12
Avis à *Monsieur Menage*.
Réponse à *Monsieur Costart*, 4
Valere Maxime, en François, 2 vol. 12

Histoires, Memoires, & Voyages.

Histoire de France de *du Verdier*, 3 vol. 12
  Idem, des Turcs, 3 vol. 12
  Idem, d'Espagne, 2 vol. 12
Abregé Chronologique de l'Histoire de France,
  2 vol. 12
L'Histoire Romaine de *Coiffeteau*, 3. vol. 12
  L'Augmentation de *M. de Marolles*, 2 vol. 12
L'Histoire des Hommes Illustres de *Plutarque*,
  4 vol. 12
L'Histoire de Barbarie, & de ses Corsaires, des
  Royaumes d'Alger & de Tunis, fol.
L'Histoire de Flandre, augmentée de l'Histoire
  des Comtes d'Hollande, 2 vol. 12
Histoire de nostre Temps, sous le Regne de
  Louis XIV. par *Malingre*, 2 vol. 8
L'Histoire du Concile de Trente, fol.
L'Histoire de Iosephe, fol. de *Genebrare*.
L'Histoire de Cambray, & du Cambresis, par
  Charpentier, 2 vol. 4
L'Histoire des plus Illustres Favoris, 2 vol. 12
L'Histoire de Bertrand du Guesclin Connes-
  table de France, par *M. du Chastelet*, fol.
L'Histoire de Bretagne, avec les Chroniques,

des Maisons de Vitré & de Laval, & les Armes
& Blazons des plus anciennes Maisons de
Bretagne, par les Sieurs *le Baud* & *d'Hozier*,
fol.

Histoire de Trogue Pompée, par *Iustin*, 12

L'Histoire Romaine de Saluste, 8. *Roüen*.

L'Estat de l'Empire, ou Abregé du Droict pu-
blic d'Allemagne, 12

Annales d'Angleterre, contenant la Vie de
Henry VIII. Edoüard IV. & Marie IV. 4

Preuves de l'Histoire de la Maison de Coligny

La Chronologie du *P. Labbe*, contenant l'Histoire Sacrée & Prophane. 5. vol. 12

Les Delices de la France, 2 vol. 12   1670

Les Delices de la Hollande de *Parival*, 12

Les Recherches de la France de *Pasquier*, fol.

L'Estat present de l'Angleterre, 12.   1671.

Prerogatives des Roys de France de *Sorel*, 12

Les Memoires de *M. le Duc de Rohan*, avec ses
Voyages, 2 vol. 12

Les Memoires d'Estat de *M. Villeroy*, contenant
ce qui s'est passé de plus remarquable sous
le Regne des Roys Charles IX. Henry III.
Henry IV. & Louis XIII. 4 vol. 12

Les Memoires du Chancelier de *Chiverny*,
2 vol. 12

Les Memoires des Bourguignons de la Franche
Comté, par *Golut*, fol.

Portraits & Eloges des Hommes Illustres du
Palais Cardinal, 12

Les Oeuvres de *Procope de Cesarée*, contenant
la Guerre contre les Perses, contre les Van-
dales, & l'Histoire Secrette, 3 vol. 12

A v

Biblia Sacra, 8. Lugduni.
Vetus Testamentum ex versione Septuaginta
Interpretum Græcè, 4. Londini.
Novum Testamentum, 24. Cologniæ.
Idem, en François, 24 & 18
Missale Romanum, fol. Cologniæ.
Idem, *Tulli*, fol. 1671.
Breviarium Romanum, 4. vol. 24. Parisijs.
Idem, 4 vol. 24. Cologniæ.
L'Office de la Semaine Sainte, rouge & noir,
grosse lettre, 8
Summa S. Thomæ, 10 vol. 12. Lugduni.
Concilium Tridentinum, 12. Cologniæ.
Catechismus Concilij, 12. Lugduni.
Summa contra Gentes, 8
Gonet, *Theologia*, 5 vol. fol.
Idem, 18 vol. 12. Les Volumes se vendent
separément.
Laimanij Theologia Moralis, fol. Duaci.
L'Escobar, *Theologia Moralis*, 8
Theologie Morale de *Bonal*, 2 vol. 12
Summa Peraldi, 4
Iansenius in Evangelia, 4
In Pentatechus, 4
Hortus Pastorum, fol. Lugduni.
La Science des Ecclesiastiques, 12. *Lyon*.
La Clef de la Somme de S. Thomas de *Ma-*
randé, 2 vol. 8
Imitatione Christi, 12. Parisijs & Lugd. Bat.
Les Dimanches du Caresme de *Molinier*, 2 vol. 8
Les Festes de l'Année, 3 vol.
Le Caresme du *P. Michaelis*, 2 vol. 8
Molina, Instruction des Prestres, 8
Manuel du Breviaire Romain par *Payronet*,
4 vol. 8. *Tholose*.   A vj

Les Peintures Sacrées sur la Bible, du *P. Girard*,
    avec grand nombre de Tailles-douces, fol.
La Famille Sainte du *P. Cordier*, 8. *Lyon.*
Le Pedagogue Chrestien, 4. *Roüen.*
Paraphrase sur Iob, de *Guilbert*, 8.
    Idem, du *Pere Senault*, 8
    Idem, les Pseaumes de David Latin & Fran-
    çois, 8.
La Perfection du Chrestien du *Cardinal de*
    Richelieu, 12
L'Estat du Mariage, avec des Instructions
    Chrestiennes pour les Femmes mariées,
    & un Traitté pour la nouriture des petits
    Enfans, 12.

Livres de Droict.

Institutionum Iustiniani, 24. rouge & noir.
    Idem, 24. *Lyon.*
Perezy, super Instituta, 12.
Vinny, super Instituta, 4
    Idem, en petit, 12
Paraphrase des Instituts de *Pelisson*, 12
Corviny, Iurisprudentia Romana, 4.
    Ejusdem, 12
    Super Instituta, 12.
    Digesta, 12
    Ius Canonicum, 12
    Ius Feudale, 12
    Elementa Iuris, 12
Mornacy Opera, 4 vol. fol.
Bengeus & Pinsonius de Beneficijs, fol.
Les Oeuvres de *Choppin*, 5 vol. fol. grand papier.
    Idem, 5 vol. fol. petit papier.

Les Oeuvres de *Coquille*, 2 vol. fol. grand papier
Idem, 2 vol. fol. petit papier.
Le Iournal des Audiences. 2 vol. fol.
Le Nouveau Recueil d'Arrests de *M. Des-*
Maisons, fol.
La Bibliotheque des Arrests de tous les Parle-
mens de France, par *M. Iouet*, fol.
Le Parfait Praticien François, nouvellement
augmenté par *M. Des-Maisons*, 4
Les Oeuvres de *Bacquet*, fol.
Les Oeuvres de *Despeisses*, 3 vol. fol.
Les Oeuvres de *Loyseau*, fol.
Les Oeuvres d'*Oline*, 4. *Lyon*.
La Coustume de Paris, commentée par
Tronçon, fol.
De Tournet, *Ioly* & *Labbé*, 12
La Conciliation des Articles, 24
Le Texte, 24
La Conneftablie & Mareschaussée de France
de *la Martiniere*, fol.
Inftructions Françoises de *Beaune*, 8
Recueil choify de Harangues, Remontrances,
Panegyriques, & Oraisons Funebres, des plus
celebres Autheurs de ce Temps, 4
Les Plaidoyez & Arrests de *Henrys*, 4
Menagij, Iuris Civilis Amœnitates, 8
Les Plaidoyers & Arrests de *Robert*, 4
Memoires de Droict & de Pratique, 4
La Doctrine des Arrests de *Iouet*, 4
Iurifprudence Romaine de *Colombet*, 4
Procés Civil & Criminel *del Brun*, 4
Recueil des Edits & Ordonnances, 12
Summa Rei Beneficiaria, 4
Le Factum de *Saint Geran*, 4

Divers Plaidoyers touchant la Cause du *Gueux de Vernon*, 4
Les Plaidoyers de *Montauban*, 4

Livres de Médecine & de Chirurgie.

Les Oeuvres d'Ambroise *Paré*, fol.
Les Oeuvres de *Demarque*, 8
Varendeij Opera, fol.
Vanbelmont Opera, fol.
Le Guidon de *Chauliac*, avec les Notes de *Ioubert*, 8. Lyon
Le Medecin Charitable, 8
Pharmacopæa Quercetana, 8
Chirurgie de *Pigray*, 8
   de *Tagaut*, 8
Les Oeuvres de Fabrice d'Aquapedente 8. Lyon
Hypocratis Aphorismi, Grec & Latin, 24
Hypocrate Dépaise, ou les Aphorismes, en Vers, 4
L'Occonomie du grand & petit Monde, 12
Institutionum Medicinæ, Danielis Senerti, 8. 2 vol. Genevæ.
Riverij, Institutiones Medicæ, 4
Cardani Opera omnia, 10 vol. fol. Lugduni.
Pancreas Pancrena sive Pancretatis & succi, 12

Autheurs Latins, impreßion d'Hollande, & autres.

Virgilij Opera, cum Notis, T. N. Fernabij, 12
   Variorum, 12. Lugduni.
   Textus, 24
Terentij Comedia Fernabij, 12
   Seneca Fernabij, 12

Iuvenalis & Persij Satyra, 12
Q. Horatij, Iohanne Bond, 12
Ovidij Opera, cum Notis Heinsius, 3 vol. 12
   Textus, 3 vol. 12
   Textus, 3 vol. 24
Lucanus Variorum, 2 vol. 12, Lugduni.
Plauti Comedia, 24
Cornelius Tacitus, 12
Q. Curtij, 12
   Cum Notis Locenij, 12
Ciceronis Opera, 10. vol. 12
Iustinus Historiarum, 12
Valerius Maximus, 24
Arriani de expeditione Alexandri Magni His-
   toriarum Interpretatione Blanchardi, Grec
   & Latin, 8
Phadri Fabula, cum Figuris, 8
Petronius Arbiter, 12. Lugduni.
Barclaij Argenis, 12.
   Euphormionis, 12
Clavius in Euclidem, 2 vol. 8. Francofurti.
Bucherij Belgicum Romanum Leodij, fol.
Vossius, de Arte Grammatica, 2 vol. 4
   Ethimologium Lingua Latina, fol. Lugduni.
Kircherij, China monumentis, fol.
Ianua Linguarum, Latin, Grec, & François, 8
Frosardus, & Cominaus, 12
Sphara Iohannis de Sacrobosco, 8
Maria à Scharman Opuscula, Hebraa, Graca,
   & Latina, 8
Symbola divina & humana Pontificum Impe-
   toram & Regum, 12

Catalogue des Comedies qui se vendent séparément, tant vieilles que nouvelles, & des meilleurs Autheurs de ce Temps.

De M. de Corneille l'aisné.

Cinna, 12
Polyeucte.
Le Menteur.
Nicomede.
La-Toison d'or.
Sertorius.
Sophonisbe.
Othon.
Agesilas.
Attila.   Berenice.

De M. de Corneille le jeune.

Les Engagemens du Hazard, 12
D. Bertrand.
Les Charmes de la Voix.
L'Amour à la Mode.
Le Geolier de soy-mesme.
Illustres Ennemis.

Timocrate.
Berenice.
Darius.
Stilicon.
Galant Double.
Maximian.
Antiochus.
Le Baron d'Albikrac.
La Mort d'Anibal.

De M. Scarron.

L'Heritier Ridicule, 12
Iodelet, ou le Maistre Valet.
Iodelet Duelliste.
D. Iaphet d'Armenie.
Les Fausses Apparences.
Le Prince Corsaire.
Le Gardien de soy-mesme.
Le Marquis Ridicule.
L'Ecolier de Salamanque.

Laure Persecutée.
Amarillis.
Venceslas.

Tragedies Saintes.

Marie Stuard, 4
Saint Genest.
Saint Alexis.
Saint Eustache.
Sainte Catherine.

De diferents Autheurs.

Ostorius, 12
Virginie Romaine.
—Le Dictateur Romain.

Les Bestes Raisonna-
bles.
—Le Sot Vangé.
Le Baron de la Crasse.
Les Barbons Amou-
reux.
Les Yeux de Philis.
Les Nicandres.
Manlius.
Le Favory.
Amours de Venus &
d'Adonis.
Les Intrigues de la
Lotterie.
Le Gentilhomme
Guespin.

*Il se trouve dans la mesme Boutique
plusieurs autres sortes de Livres.*